Du är en diamant

"Framtiden tillhör den som följer sina drömmar och förverkligar dem"

Fatima Sigurd

Denna bok är till dig som

ska ut i livet,

stolt, rakryggad och med

tusen drömmar

Jag.....................................

Ger dig.............................

en kärleksfull knuff framåt

Tack till mina flickor,

Elsa, Engla och Nova

Jag älskar att vara en del av

era liv.

//Mamma

Innehåll

1

STOLT

"Om ingen tror på dig och det du vill göra, följ då den som tror på dig, dig själv" /Fatima.

förflyttar jämställdheten framåt, då är det värt alla dagar i veckan, året om.

Du är en diamant, var till en början tänkt som en mammagåva till mina tre flickor, unga kvinnor som ska ut i arbetsliv, familj och de prövningar, glädje och livsval som väntar. Därefter kom jag att tänka på – tänk om någon mer skulle känna sig stärkt av denna bok, jaa till dig som behöver lite boost och tankar på en snårig livsväg. Om du inte tycker om min bok och det jag skriver och lägger den ifrån er, har jag då misslyckats eller har jag då prövat mina tankar och vingar och lärt mig något, svar JA!

Lyckas jag förgylla en endaste kvinnans framtid, är jag tacksam! Kan jag göra dig, din syster, mamma, moster, vän starkare och säkrare, ja då blir jag glad i hjärtat.

Det är mina tankar och du kanske inte håller med mig om allt men då kanske det ger dig en aha-upplevelse om vad du själv tycker.

Välkommen till min värld!

3

TRYGGA TJEJER

Varför ska man egentligen säga till när någon skämtar sexistiskt eller pratar nedvärderande om kvinnor?

Är det viktigt att alla naturligt ska känna sig trygga på alla platser. **Svar ja!**

Det måste vara slutpratat om att VI SKA vara jämställda och att kvinnor SKA känna sig trygga, det måste nu ske flera saker som lyfter och förflyttar fram positionerna för kvinnor.

Om det ska till en förändring så krävs att vi gemensamt och med mod bestämmer oss för att vi är värda lika mycket oavsett om vi har snopp eller snippa. Det kan inte vara det vi har mellan benen som avgör vår ställning och status i samhället. Det kommer att ta hundra år innan vi är jämställda och trygga i samhället om vi låter bli att agera.

Jag tänker, "Det är inte tiden som ändrar vår uppfattning, det är människor som skapar förändring", Sluta därför att vänta på morgondagen och börja nu"

Det som absolut fick mig att inse vidden av det ojämlika samhälle vi lever i, var när min yngsta dotter frågade mig; "mamma varför måste vi tjejer lära oss försvara oss mot killar, varför lär man inte istället killar att uppföra sig och behandla oss tjejer på ett riktigt sätt?

Så väldigt rätt och riktigt, varför resonerar "samhället" inte så? Tycker vi verkligen att det är rätt att det kvinnliga könet ska behöva gå självförsvarskurser eller värre, begränsas, stanna hemma och inte våga gå ut efter ett visst klockslag eller ännu värre, inte få gå ut för sin pojkvän, man, pappa eller bror.

Alla män är GIVETVIS inte dåliga men det är många, många fler män som slår kvinnor, behandlar kvinnor fysiskt och psykiskt dåligt, än tvärtom.

Det är också många män som lättare gör karriär, får högre lön, är hemma mindre tid med barnen. Hur får vi ihop denna orättvisa ekvation? Hur kommer det sig att detta förtryck inte tas på större allvar-utifrån mitt sätt att se är det en pandemi som skapar parallellsamhälle där kvinnor är exkluderade.

Hur kan vi stillatigande se på när detta sker och kvinnor och barn får fly för sina liv, gömma sig, sluta leva vanligt, vara rädda och oroliga hela tiden, ångest över att det ska hända något.

Samhället är inte rustade för att få stopp på denna galenskap. Ja det finns 1000 frågor och väldigt få och dåliga argument för att det får och ska få fortsätta såhär.

"Det är många som skäms för sina tjocka otränade kroppar men väldigt få skäms för sin hjärna".

Sluta aldrig ifrågasätta, låt dig inte nöjas med mindre, utan sträck på dig och ställ krav – ibland är det rätt att vara lite obekväm.

För alla unga kvinnor som ska ut i arbetslivet och kommer att möta människor med betongåsikter så är det viktigt att vi vågar stå upp för oss själva för att skapa hållbar förändring.

Vi måste våga även om det inte är politiskt korrekt.

Sunda ställningstagande om att det ska vara jämlikt och rättvist, gör att skillnader mellan män och kvinnor, på alla plan minskar.

Värdesätt dig.

4

STRÄCK PÅ DIG TJEJ

Jag önskar att alla tjejer sträcker på sig och tar för sig.

Ni måste förstå att för att det ska bli en förändring och för att ni ska synas så börjar det med hos var och en av er. Nätverka och knyt er samman med andra som är positiva. Det kommer INGEN prins eller prinsessa och räddar dig från livet, det måste du göra själv! Bit ihop, blunda om det krävs och gör det bara, även om du tycker är lite ovant, låt din dröm föra dig framåt.

När en vuxen (tänker jag över 30 typ) säger till mig "jag vet inte vad jag vill bli när jag blir stor" så undrar jag, om inte du själv vet, vem vet då? Eller vem ska bestämma åt dig?

Det kan såklart vara så att du INTE vet allt ännu men eftersom framtiden är det vi kan påverka och det viktigast vi har så måste du avsätta tid för att tänka till, annars blir du som en död fisk som åker med strömmen. Du blir helt enkelt en person som överlåter åt andra att bestämma riktning åt dig.

Tänk på dig själv, annars blir livet liksom hippsomhapp. Livet är en sak att vara väldigt rädd om men var för den skull inte rädd för att leva livet fullt ut, förstår du vad jag menar!

Det omöjliga kan bli möjligt med hjälp av viljestyrka. Stoppa aldrig den person som håller på att göra det omöjliga,,,

5

STYRKA

När min första dotter skulle födas
visste jag att jag skulle vara själv i ett
av livets allra viktigaste ögonblick.

Min dotters pappa var vid denna tid
helt frånvarande och jag var fast
besluten att klara mig själv, kände mig
stark och helt klar över att bli ensam
mamma. Det var ett ganska
uppseendeväckande
ställningstagande, att välja att bli
ensamstående förälder har jag förstått
i efterhand.

Under några månader innan Elsa
föddes, åkte jag till Norge för att
arbeta, tjäna ihop pengar till barnvagn
och annat som jag tänkte mig behöva
för att klara av livet som själv. Det var

också väldigt skönt på ett sätt att åka från något lite trist och till något mer spännande och därtill tjäna en extra slant på köpet.

Det var en skön och avslappnad tid i Norge. Varje vecka tog jag cykeln från högfjällshotellet där jag bodde och arbetade och ned till barnmorskan i Lillehammer som låg en dryg mil bort. Jag kände mig fri där jag for fram på den gamla cykeln som jag lånade av den gamle hotelldirektören som ömmade för mig och min växande mage.

Det var verkligen en fin tid och jag kände mig förväntansfull och glad inför att min dotter skulle komma till världen. Bekymmersfri och tacksam.

Någon månad innan beräknat datum innan Elsa skulle se dagens ljus, var jag återigen tillbaka i Sverige, till min hemstad. Det var blandade känslor och jag kände mig för första gången ensam och övergiven i min situation. Det var jag inte riktigt förberedd på.

Det som fick mig att känna ensamhetskänslan var när jag vid ett tillfälle med andra blivande mammor och deras partner var på BB och gjorde studiebesök. Det var en märklig och surrealistisk känsla att stå där bland all tvåsamhet och jag i min ensamhet.

Jag uttryckte min ensamhetskänsla över detta till en av mina vänner och hennes då 6-åriga dotter som råkade höra vårt samtal. Flickan tittade på mig länge minns jag och hon sa.

"Fatima vet du, när du fått ditt barn kommer du aldrig mer i ditt liv att vara ensam".

Det var fina ord och jag har burit med mig dem sedan dess. En enkel fras men så riktigt och klokt sagt av denna lilla flicka. Ett sunt perspektiv att se på livet, positivt och härligt. Det är fantastiskt att upptäcka att små människor har mycket att lära oss om vi bara tar oss tid att lyssna.

Hon fick rätt och jag har aldrig mer varit ensam sedan jag fick Elsa och sedan därefter Engla och Nova.

Aldrig mera ensam, alltid tillsammans.

Ja den kommande dagen för när min dotter skulle se dagens ljus, drabbade i alla fall mig mer än jag kunnat ana och bara några få dagar innan, bad jag min bästa vän om hon kunde vara med mig. Det kunde hon och det är jag tacksam för än idag faktiskt. Känslan av att få stöd av någon betydelsefull person, är en stor och mäktig känsla.

Det som hände mig efter att jag kom hem från BB var att vara själv när jag väl kom hem. Jag hade lämnat mitt hem som en person, och nu kom jag hem som två personer, jag visste inte alls hur man skulle göra och jag kände mig deppig och absolut inte lycklig. Den där ensamhetskänslan kom obevekligt över mig igen och jag fick jobba med mig själv för att komma i rätt balans.

Mitt liv ändrades så dramatiskt mycket från att varit en äventyrlig och spontan tjej till att bli en person som någon annan var i behov av, dygnet runt.

Jag behövde verkligen träna mitt sinne och tänka om och kom nu ihåg att hjärnan är lättlurad och tankar är påverkbara.

Varje morgon tänkte jag "detta blir en fantastisk och rolig dag, även om jag inte riktigt kände det och även att det kändes ensamt, trots att jag hade en fantastiskt fin dotter", min Elsa.

Sådär höll jag på att "lura hjärnan", ända tills jag en dag vaknade på morgonen och faktiskt kände att, jaaa det känns mycket mycket bättre. Jag är helt övertygad om att det var och är just positivt tänk och att fokusera som är så viktigt. Tänk positivt så blir det tillslut bättre. Enkelt men funkar!

Att utsättas för prövningar i livet kan absolut kännas meningslös och orättvist på alla sätt. Tyvärr är det ofrånkomligt att drabbas och kan utan förvarning slå till. Se till att träna ditt sinne genom att tänka dig in i olika situationer så du är förberedd och även tänk positivt.

Det går aldrig att undvika att det ibland händer tragiska saker i ditt liv, det är precis så livet är MEN se till att inte stanna kvar i det dåliga.

Tillåt dig att vara nere och ledsen ett tag men bestäm dig för att försöka isolera dina negativa och dåliga tankar till en tidpunkt (om det går).

Försök att se på problemet eller situationen som att det handlade om någon annan. Vad menar jag då? Jo om problemet eller situationen drabbade någon annan, vilket råd skulle du då ge, vilken inställning skulle du ta? Tänk också efter, finns det någon person som du har förtroende för som du känner att du kan rådgöra med, finna stöd hos? Det kan vara en lärare du haft, en kompis förälder, en släkting, vän. En bra person säger aldrig nej till att vara stödjande om du ber om hjälp.

Försök att inte vara ensam om dina tankar. Om det nu skulle falla sig så att du känner att du absolut inte har någon att luta dig mot, skriv då istället ner alla dina tankar och hur du känner.

Sätt upp möjliga vägar för dig att gå vidare.

Det finns alltid en väg att gå framåt - även om det för stunden känns svårt och oövervinnerligt.

Försök också på samma sätt att hitta en tidpunkt där du tillåter dig själv att känna dig om möjligt, lite positiv och glad.

Kan vara svårt, det förstår jag MEN om du ska komma ur negativa tankebanor, behöver du ändra ditt sätt att tänka och fortsätta leva framåt och inte bakåt.

Alla åldrar drabbas och därför är det viktigt att vuxna försöker hjälpa barn och ungdomar att hantera besvikelser.

De människor som klarar av att hantera prövningar är den som kan hitta en mening i allt det tråkiga.

Det är inte så att vi ska bli martyrer och tycka om att ha det dåligt men det kommer bli lättare att uthärda om man försöker "lära något av situationen".

En långvarig situation som varit svår och som prövat mitt tålamod har varit då mina barns pappa, gång på gång har utsatt familjen för oro genom att vara en frånvarande förälder under långa perioder.

Att förhålla sig till honom och barnen var svårt till en början men när jag funderade kring min roll i detta så förstod jag att mina barn behövde höra mig prata om deras pappa på ett vänligt sätt även om jag när det blev lite äldre, berättade om varför deras pappa varit frånvarande under deras uppväxt. Att han blivit oförmögen att ta hand om sig själv och att det var och är anledning till att han inte klarat av att ta hand om dem ordentligt.

Det är ett svårt att förhålla sig till en person som gör en besviken. Till en början kändes det helt enkelt hopplöst men när jag tänkt klart och tittat på det från olika perspektiv, blev mitt beslut att se till att mina barn kände sig trygga med mig och trygga med att deras pappa älskar dem även om han inte hade förmågan att vara närvarande på heltid. Det var och är min uppgift.

Ur styrkan att ställa sig själv åt sidan kommer medkänsla för en annan människa. Att förstå varför en person som mina barns pappa beter sig dåligt, Det ursäktar inte men ger en förklaring och skapar en medkänsla.

Positiva känslor som medkänsla skapar lycka inombords. Med medkänsla och förståelse känner man sig bättre tillmods. Dåliga tankar skapar bara dålig energi för dig.

Att tränas och bli stark i sinnet, kräver tid och mognad och uthållighet. Jag tänker att vi har mycket kraft inom oss att skapa oss själva en skön tillvaro.

Ett ting som jag ofta tänker är: "Jag mår bra och känner mig glad och lyckosam". Var tacksam för små saker i livet och var lite mer i nuet. Låter kanske enkelt och självklart och någon som läser detta kanske ler lite åt detta påstående MEN jag tänker att om vi tillåter oss att helt enkelt tänka gott och vara tacksam för små stunder av lycka i livet och inte förvänta sig otroligt mycket, sträva efter att ha allt det senaste, vara perfekt sminkad varje dag, snygga kläder, åka på resor. Tänk till på vad du har i livet, istället för att tänka på och sträva efter att få mer, att inte känna sig nöjd. Det jag menar är att stanna upp lite i stunden och njut och vara tacksam.

Även om livet inte är på topp så tänker jag så. Min teori är att hjärnan är "lättlurad" och desto fler gånger jag tänker dessa positiva tankar, desto närmare feelgood kommer jag! Jag väljer att tjata om detta flera gånger, just för att det är så avgörande för vårt välbefinnande. Det gäller att träna sig i att dels sätta in känslan av feelgood inombords och sedan att förstärka känslan. Att träna sig i positivt tänk och att bli hjärnstark.

Styrka och att klara av att hantera livet, handlar inte om att springa högst eller hoppa längst.

Det handlar inte heller om att veta bäst eller vara först. För mig handlar styrka om att tänka till när livet inte blir riktigt som man tänkt sig och planerat.

Styrka är att kunna se möjligheter i det som kan verka omöjligt och fortsätta att kämpa trots att det är motigt.

Ge inte upp!

6

LYCKA

Åhh, jag vill bara vara lycklig säger någon du känner, kanske till och med du själv och så sitter du kvar i soffan hemma och kollar på tv:n utan att göra något åt saken.

Javisst såklart ska du kunna göra det också men det tar det med största sannolikhet inte framåt i livet och du blir troligen inte speciellt lycklig heller.

Vad är då lycka och hur blir du lycklig? För mig hör lycka och styrka samman, precis som jag skrev om i det tidigare stycket och om konsten att träna sig till att bli hjärnstark.

Att bli lycklig är en ständig och oerhört stor fråga som inte helt lätt går att besvara eftersom det är lite olika för olika människor.

När jag var yngre så kunde jag tänka som i sagorna, att lyckan bara "kom över en" och att det drabbar de lyckosamma. Det jag vet idag är att jag skapar min egen lycka till stor del.

Materiell lycka är viktigt till viss del. Vi behöver ha en viss standard för att känna dig bekväm och tillfreds, vilket även det är olika från person till person.

Lycka har till stor del sin betydelse i hur vi ser på vår omgivning och i hur stor utsträckning de kan uppfyllas. Om vi förväntar oss en viss sak eller situation och det inte blir som vi tänkt, då kan vi bli besvikna och med det till och med olyckliga.

Tvärtom fungerar det då när vi känner lycka.

En avgörande och en stor viktig del är att vi känner tacksamhet över det vi faktiskt har och inte tänka så mycket över vad vi inte har i livet.

Ja så tänker jag om lycka och om min tillvaro. Var tacksam över det "lilla" så kommer du troligen känna dig bättre inombords. Sätt inte heller så höga krav på dig själv. Åtminstone inte så höga så att du blir olycklig.

Några få av oss föds rika och med föräldrar som kan strö pengar och materiella ting över sina barn men att vara rik på pengar är inte detsamma som att vara lycklig. Det kan såklart underlätta och en grund för att inte oroa dig för mat och ha någonstans att bo, att ha det du önskar men att komma till verklig lycka är viktigare trots allt än materiell lycka.

Längre fram i boken skriver jag om karriär och jobb men det är med utgångspunkt att vi bör och ska vara jämställda i arbete och att både tjejer och killar ska få samma förutsättningar.

Försök att hitta vad som verkligen ger dig entusiasm och energi och lägg så mycket tid och energi som möjligt på det. Om du gör det som du mår väldigt bra av kommer du också få en härligare tillfredsställelse.

Det är inget mystiskt över att vara lycklig, något som händer när vi minst anar det, så är det inte.

Lyckliga blir vi när vi känner oss nöjda över våra liv och det beror på flera saker, vissa mer svåra att påverka än andra, vår personlighet, livsvillkor (som att tex ha arbete) hur du använder din tid om du tex gör något du gillar. Det har också såklart att göra med i vilket samhälle du lever.

Att känna tillit, att tro på någon eller några människor i sin närhet är en stor del av att känna lycka. Nära relationer är viktiga delar för lycka. Omge dig med personer som får dig att känna dig glad och positiv, som lyfter dig i svåra stunder och som gläds med dig när det går bra.

7

VAR YTLIG

Nu kanske ni tycker att jag är förvirrad och konstig när jag påstår att vi ska vara ytliga men jo det är faktiskt så att det är skönt att bara prata ytliga saker ibland, lätta saker som gör att du får småfnittra och känna dig bubblig inombords. Livet ska vara enkelt och för det mesta sött och gott, samma känsla som att äta en näve hallon en sommardag,,

Även om du har någon eller några nära vänner, se även till att odla tunna social band, som att prata lite med kassörskan eller hälsa på personer du möter. Det piggar upp och gör allt lite lättare och roligare i tillvaron. Sätt inte ner ansiktet i din telefon och missa vad som händer runt omkring dig. Gör någon glad med ett leende eller ett litet vänligt ord. Lev här och nu!

8

SKVALLER

OM DU INTE KAN SÄGA DET TILL NÅGON, SÄG DET INTE OM NÅGON

Det är sorgligt om vi låter vår
mänskliga tankeförmåga syssla med
saker som är av mindre vikt." Kvinna,
flicka, tant, kärring – det du inte kan
säga till någon, ge sjutton i att säga
det OM någon.

Var snäll och prata väl om andra så,
du bemötas med samma och du
kommer att bli omtalad som en
godhjärtad och härlig person. Det är
en märklig sak att prata om andra, ofta
handlar det om att höja sig själv och
verka bättre inför andra.

Det som sker är att de du "skvallrar till" kommer känna mindre tillit till dig, vilket egentligen resulterar i att du blir en person som andra känner sig osäkra inför.

Att välja vem man pratar med är viktigt. Att förstå vem man bör vara tyst med ännu mer... Prata väl om andra...

Ingen annan än du själv styr din lycka och vad andra tänker om dig har du inget med att göra, FAKTISKT! Livet är för kort för att slösa bort det över att vara sur över småsaker.

Kvinnor har ibland en benägenhet att älta saker, gör inte det, det svärtar bara ner ditt och andras sinne, gå vidare, stötta varandra, uppmuntra, prata gott om varandra, stå på dig och var stolt över den du är!

Tänker inte skriva mer om detta för det är kort och gott så,, prata väl om andra.

9

RÖRLIGT SINNE

Ja det är intressant att våga tänka på en situation utifrån olika perspektiv, att tillåta sig att ha ett rörligt sinne helt enkelt. Livet och tillvaron är sällan helt svart eller vit, oftast behöver vi tänka till lite grann för att förstå och tolka en situation rättvist.

Ett problem eller en tanke som du ställs inför kan vi välja att betrakta på olika sätt.

Det finns oftast fler sätt att se på en situation eller person och det gäller att kunna skifta perspektiv för att förstå och ibland även kunna lösa ett problem som känns olösligt.

Var inte så snabb med att döma.

Lägg inte för stor vikt på din rival eller fiende, det gör det svårt för dig att uppnå lycka och må bra.

Ett sinne som är mörkt kan inte vara lyckligt.

Det är viktigt att lära sig tålamod och tolerans, fokusera på det goda och vänd dig hellre bort ifrån det som gör dig upprörd eller ledsen.

Den värsta olyckan i livet för våra sinne är hat.

Om man söker sanningen i stora problem som är omfattande och till och med påverkar hela världen, krävs det insatser som samordnas med människor som är engagerade av samma saker. Oavsett om en fråga är stor och påverkar många så måste man tänka flexibelt. Det är viktigt att vara ödmjuk inför att inte kunna allt, inte ha alla svar och att ibland behöva be om hjälp för att förstå och tolka ett problem eller en situation som du hamnat i.

Att se ett problem utifrån flera perspektiv, individen, samhället och till och med globalt, handlar inte främst om att kunna allt och ha svar på alla frågor själv. Det handlar ofta om att ta in andra personers åsikter och tankar innan du kan avgöra själva situationen.

Det kan kanske kännas lite märkligt att tänka såhär stort och brett men tränar vi sinnet till att tänka mer rörligt så hjälper det till att få oss förstå hur beslut påverkar nu och för framtiden.

Ett rörligt sinne hjälper oss att förstå världen omkring oss bättre, att inte döma vid första anblicken, låta människor och situationer få möjlighet att ses från olika synvinklar.

Tror att detta är en av den viktigaste kryddan i livet för att vara lycklig, dvs att förstå att livet är komplext och att det ibland finns flera sanningar och sätt att se på saker.

10

JÄMFÖR DIG INTE

Av den enkla anledningen att du inte har en aning om vad andra människors livsresa handlar om och du vet heller inte var deras resa startade. Det först när vi vet det som vi kan göra en någorlunda rättvis bedömning.

Oavsett, varför ska du bedöma dig själv efter andra? Fundera istället över vad du vill, värdesätt vad du har och försök att göra verklighet av det du önskar utifrån dina önskningar.

Gör en lista, det fungerar. Sätt så upp för dig själv, kortsiktiga och långsiktiga mål.

Tänk på att innan det blir mål för dig så har det allra först varit i dröm och det går inte uppfylla någon annans dröm för då är det inte ditt eget tänkande och tyckande, utan någon annans.

Risken är att du blir olycklig om du jämför och försöker gå i någon annans fotspår och dröm.

Lycklig blir du om du gör det du själv tycker är roligt och det som inspirerar dig. Enkelt, enkelt Men varför jämför så många människor sig med andra,, gläds med andra och deras framgångar så kommer det att göra skillnad för dig själv.

Så som samhället har formats och utvecklats de senaste årtiondet med datorer, mobiler, sociala medier så har detta med jämförelse tagit en väldigt stor fart hos människor.

Det är och kommer att förbli en drömvärld där bilder och människor är retuscherade för att passa in, vilket är olyckligt på flera sätt.

Unga människor lägger en oändlig tid på att ta den rätta bilden och titta på andra stackars otrygga och osäkra människor som lägger ut sig själva.

Ni vuxna som läser min lilla livshandbok skulle jag vilja rikta ett speciell varningen finger mot. Det är kvinnor, ofta i min egen ålder som ideligen söker bekräftelse i sociala medier och lägger ut bilder på sig själva som de vill att sina följare ska gilla.

Det är lite lätt sorgligt och ett tecken på att den personen behöver väldigt mycket uppmärksamhet och bekräftelse, även från de som de inte känner väldigt väl. Vi vuxna måste se detta mönster och hur det påverkar oss. Var inte så rädd för att inte passa in.

Jag vet själv med mig att det är människor som tycker att jag sticker ut men det bryr jag mig väldigt lite om. Ibland kan det vara viktigt att simma mot strömmen, istället för att flyta med som en död fisk. Ibland i alla fall…

Jämför dig inte med andra, sätt egna mål för dig själv.

11

SE FRAMÅT

Att vara nostalgisk är inget för mig, tror att det är både positivt och negativt, som allt annat som allt annat som jag vänder och vrider och funderar kring.

Personligen tar jag ganska snabbt beslut framåt och såklart är det så att det grundas på tidigare erfarenheter och tankar men att se tillbaka och ångra eller tänka att det var felaktigt beslut jag tog, det är inget för mig.

Det är ju ändå så att framtiden är den vi kan påverka och det tar jag fasta på. Jag ångrar i princip aldrig något och jag tycker inte att man ska lägga energi på att tänka för mycket på det som varit.

Tror dock att det är av vikt att göra någon form av analys eller tankearbete kring viktiga händelser i ens liv MEN dröj inte kvar och älta. Risken är då att fastna i en tankebana som redan är gjord.

Fokusera på framtiden och ta lärdom av det förflutna. Lev framåt och inte bakåt. Titta bara lite grann bakåt men mest framåt, annars är risken att du snubblar.

Tänk på att du fattade ditt beslut på den fakta du hade vid den tidpunkten. Ett beslut går att ändra.

Ibland blir du ställd inför en situation där du det känns svårt att fatta beslut. Ett tips är att bestämma en dag och tid för då du ska fatta "beslutet". det kan vara så att du får fatta beslut på ofullständig fakta, ta beslutet ändå, lita på din magkänsla.

80/20 regeln är ett bra mått att hålla sig till anser jag. Brukar fungera i de flesta sammanhang, om 80% av något känns ok men 20% inte ok så är beslutet ok. Var inte så orolig för att allt inte är perfekt, det är det nämligen ALDRIG! Du blir bara besviken om du tror att så är fallet.

12

KARRIÄR

Det är dags att spotta i nävarna och bli bättre på att löneförhandla! Inte bara på första jobbet utan under hela yrkeslivet.
Pengar är inte det viktigaste i livet men kvinnor förtjänar samma lön som män med samma meriter för samma jobb.

Stå på dig och nöj dig inte med lägre lön!Inte bara för din egen skull utan även för alla andra kvinnors och för våra döttrars skull. Är du förälder, prata med dina barn om hur viktigt det är!

Pengar betyder frihet så är det bara, se till att du klarar dig själv och förlita dig inte på någon annans inkomst, det kommer definitivt begränsa dig!

Att kunna köpa en första lägenhet, spara, resa, säga upp sig från fel jobb utan att ha ett nytt, skilja sig, köpa ett hus, gå i pension tidigare eller något helt annat som är viktigt för dig i livet.

Tänk på tjejer, kvinnor att ni ALLTID ska kunna klara er själva.

Ha tillräckligt med pengar, utbildning, jobb, kontaktnät. Du har kanske inte allt av det men se till att ha någon att anförtro dig åt, välj denne person mycket noga.

Bli bättre på att löneförhandla? Bästa tipset är att förbereda sig! Gör din hemläxa inför löneförhandlingen när du söker ett nytt jobb eller inför lönesamtalet på din arbetsplats.

Var stolt och visa på vilka resultat du åstadkommit. Skryt med dig själv!

Ofta är en arbetsgivare styrd av vilken lön de kan sätta men det kan finnas möjlighet till andra förslag än den lön du önskar. Tänk ut alternativ till pengar som arbetsgivaren kan ha lättare att gå med på. Du kanske värderar extra semester? Tjänstebil, städning hemma, pension eller bonus kan vara mer värt för dig än fast lön men kosta arbetsgivaren mindre.

Ta reda på hur jobbmarknaden ser ut

Vad är en ok lön för ditt arbete och med din erfarenhet?

Kolla med facket, lönestatistik, prata med personer du känner på andra företag, ring en rekryterare och fråga.

Ju mer information du har som stödjer dig desto lättare blir det för dig att prata för din sak och varför du ska ha den lönen du önskar.

Våga sätta mål utan att det är helt orealistiskt. Det ska kännas lite tufft att säga till chefen vad du vill ha.

Tänk också igenom innan du pratar med chefen om vad du är nöjd med och en lägstanivå för dig själv vad du är villig att acceptera. Sannolikheten att du kommer närmare ditt mål är högre om du tänkt igenom detta i förväg och bollat lite med siffrorna för dig själv.

När du känner att du inte lär dig nya saker och fundera på. Till exempel att byta jobb och arbetsgivare lagom ofta, och vad lagom är beror lite gran inom vilken bransch du befinner har slutat "gå framåt" är det dags att våga söka sig vidare. Internt eller till en ny tjänst på ett annat företag.

Ett av de viktigaste råden är också att om du har hamnat på fel tjänst – ta dig vidare så snart du kan innan du tappar tron på dig själv och tror att det är dig det är fel på.

Ska du bli framgångsrik så stirra dig inte blind på bara pengarna utan jobba med något du brinner för, det är jätteviktigt att ha kul på jobbet. Utan att ha roligt är det svårt att orka jobba framgångsrikt och lyckas. Finns också risk för dig att du kan bli bitter,,,

Det kan "faktiskt" också vara så att trivsel på ett arbete och fina arbetskamrater är mer värt än en hög lön på ett annat arbete. Du blir aldrig lycklig av pengar om du inte mår bra.

Lyft dig själv och lyft andras prestationer, sprid godhet. Det är också mycket positivt för din egen utveckling.

Trots att de allra flesta kvinnor idag arbetar i Sverige så ser förutsättningarna i arbetslivet mycket olika ut för män och kvinnor. Kvinnor har inom vissa område fortfarande lägre lön än männen, vilket är oacceptabelt.

Mitt råd till dig unga tjej är att du ska stå *på dig annars gör någon annan det.*

Till alla, tänk på att vara en förebild för andra kvinnor! Skryt om hennes prestationer inför andra och låt henne ta plats!

Kvinnor måste lära sig att lyfta andra kvinnor och män måste våga pusha fram kvinnor, speciellt unga. "Jämställdhetsförändringen" går i rätt riktning, men tyvärr oerhört långsamt..

I högre chefspositioner finns det många frågor man kan ställa sig och den första är väl såklart varför det inte är mer jämställt i Sverige. Detta är en fråga som kan ha flera förklaringar.

Med för få kvinnor i chefsposition blir följden att beslut som fattas får en vridning mot mäns sätt att uppfatta och besluta, duktiga kvinnor får kämpa hårdare, vara vassare i sin yrkesroll för att bli accepterade. Det är förödande att vi inte har en bättre fördelning män/kvinnor. Vi tappar kompetens och kvinnliga förebilder. Det blir som en ond spiral.

Inom företagen verkar det vara bättre med jämställdheten och det ställs samma krav på både män och kvinnor.

Att det finns färre kvinnor i ledande positioner beror inte på att de är sämre än män, utan på att "branschen" kanske inte har förmågan att behålla och rekrytera rätt kompetens.

Det kan också ligga hos individen själv, att värderingarna förändras i samband med att man skaffar familj.

Även om det ska gå, kan man inte sticka under stol med att det är svårt att få ihop livspusslet när två ska göra karriär och dela ansvaret för familjen. Detta gäller både kvinnor och män.

Kanske är det så att kvinnor står tillbaka när det gäller karriären.

Det behövs fler kvinnliga förebilder och fler kvinnor på ledande positioner, men det är inget som skapas över en natt.

Skaffa dig en mentor så snart du kan när du börjar arbeta, gärna en kvinnlig så hon kan utifrån egna erfarenheter stödja dig i din utveckling.

13

VAR INTE HEMMA MED BARNEN

Du läste rätt - Se till att dela på ansvaret!

Var INTE hemma från jobbet och var föräldraledig bara för att din partner tjänar mer. Visa direkt att delat ansvar är hälften ansvar. Detta är också mycket viktigt att prata med barnen om när de blir äldre, det fostrar att båda föräldrarna var delaktiga.

Jämställdheten måste komma redan från start och att vi lär våra barn hur viktigt det är.

Vi ska inte bara lära kvinnor och flickor att ta för sig, lika viktigt är det att visa för pojkar och män att värdera tid med barnen framför karriär.

Det är med handlingskraft, vi visar vägen.

Gör klart INNAN ni skaffar barn att ni ska dela på tiden hemma.

Om ni inte klarar att den lägst betalda ska vara hemma, finns möjlighet att ta ett lån som täcker ett halvår?

Vissa köper en bil för flera hundra tusen,,,bara en tanke,,,dra ner på andra kostnader kan också vara ett alternativ, välj bara inte bort tid med barnen, det har ni igen hela livet.

14

ORO

Om det finns en lösning på ett problem, är det onödigt att oroa sig. Om det inte finns någon lösning på problemet, är det meningslöst att oroa sig för då finns heller ingen anledning att lägga energi på oron. Låter kanske lite luddigt men tänk efter! Stämmer faktiskt och det spar din energi.

När jag tänker så känns det bättre och inte så farligt om man står inför något svårt, sov på saken, tankarna klarna. Låt tiden göra sitt och "lägg problemet och oron" åt sidan en stund om det är möjligt. Ofta hjälper det att försöka göra något annat en stund eller en tid.

Alla gör vi misstag, se det som en erfarenhet,

De som inte vågar göra några misstag, kommer heller aldrig att lyckas. Vi vet även att det finns misstag och att det finns misstag som leder till stora positiva förändringar. Det finns massor av fantastiska lyckokast/misstag där berömda vetenskapspersoner gjort "fel" som sedan lett till stora uppfinningar.

Kvinnor oroar sig generellt sett för mycket, strunta i det och kör på. Vi bör inte se misstag som något negativt utan en mänsklig faktor att räkna med. Om inte plan A fungerar, har jag alltid plan B och till och med plan C ibland.

Mitt motto är att ta ut lyckan/vinsten i förskott för då har du i alla fall varit lycklig den stunden.

Stå aldrig utan lösning eller utväg och gå på din magkänsla. Var förberedd på allt!

15

PERSONER ATT

UNDVIKA OCH LÄMNA

"Älska när du är redo, inte när du känner dig ensam"

"Det är inget att bry sig om, hen är bara förtjust i dig och vet inte hur hen ska visa det". Precis de orden hör tjejer fortfarande. Hur många gånger kallas tjejer hora utan att omgivningen reagerar? För att du som tjej inte ska bli "bortgjord" så kan hon tom säga ÄHH det är ingen fara. Men et är inte ok någonstans!

Bry dig och låt någon få säga könsord om dig eller till dig. Värdesätt dig!

Alltså - Det viktigaste organet är hjärnan.

Låt din nya käresta få dig på kroken med uppskattande ord och skratt. TA INGEN SKIT och då menar jag både verbalt, fysiskt och att hjälpas åt hemma osv. Om ert förhållande utvecklas så långt att ni börjar prata om att flytta ihop så tänk på att det är viktigt att redan från början dela på ansvar vad det gäller hemmasysslor, städ, matlagning, tvätt.

Hur behandlar din blivande svärmor din käresta? Gör din svärmor allt? Om så är fallet, det är ett varningstecken. Din kärlek behöver vara självständig och klara av att göra saker, annars är risken att du får göra det mesta.

Hemarbete är inte en onewomansshow – bara så du vet

tjejen – om du tycker att det är lite gulligt att pyssla om din käresta i början så får du hålla på med det. När du väl tröttnar på att göra "ALLT" så fattar personen absolut inget, så sluta vara så gullig, det är bara töntigt och du blir förlorare.

Var rak och tydlig från början så undviker du massor av missförstånd, gör lika mycket.

De tre viktiga regler när det gäller en käresta som du aldrig ska frångå: detta stämmer 100%.

Regel 1. "Alla" är trevliga de 3 första månaderna, även de dåliga. Lämna vid minsta tveksamhet, du förtjänar bättre! Detta sa en kompis till mig för väldigt många år sedan. Ja visst stämmer detta, alla är faktiskt trevliga de första månaderna.

Regel 2. Lyssna på din familj och vänner om vad de tycker om din käresta. Om du har en tokig familj, prata med någon annan och be dem om råd. Hitta en mentor som du känner att du litar på, välj med omsorg.

Regel 3. Om ett förhållande måste vara hemligt så borde du inte vara en del av det.

Detta är mycket sorglig fakta, "det är fler män än kvinnor som misshandlar. De allra flesta är gulliga och snälla, omtänksamma men jag vill verkligen få dig läsare att förstå att vissa killar är direkt skadliga för din egen utveckling och välbefinnande och kanske även livsfarliga att vara tillsamman med.

Det är långt ifrån alla killar som är dåliga men jag får ändå välja att beskriva dåliga kärlekar nedan.

När man är kär ursäktar man ofta beteende men jag LOVAR att det aldrig kommer att bli bättre, vad du än tror och vad du än får höra, tyvärr, med tiden blir det bara ännu värre.

Dåligheterna kommer oftast smygande och så var därför ytterst observant, låt inte din kärlek skylla sitt beteende på någon annan eller på jobb, osv. bortförklaringar finns gott om.

Lyssna till ditt inre.

Du kanske skyller på att "idag var det ok i alla fall", har inte råd att lämna för att ekonomin är dålig, han hade en dålig dag på jobbet, ja ursäkterna kan vara många och pågå i oändlighet.

Tänk bara på att gå så fort du kan, Är du rädd eller minsta tveksam om han är våldsam när du lämnar så ska du aldrig vara själv med honom.

Jag vet att det är många som stannar på grund av ekonomi men det är klart mycket bättre att lämna en person och ha dålig ekonomi, än att stanna och ha ett dåligt liv och kanske till och med farligt liv.

Det allra mest kritiska är just när kvinnan ska lämna personen, hämta sista packningen eller bara ses för ett sista farväl, det kan bli det allra sista du gör i livet.

Be om hjälp, situationen kan bli ytterst farlig och allvarlig för dig och våld och dödligt våld är vanligast i nära relationer.

Personer som går från en extrem ytterligheter till en annan ska man vara vaksam för.

Detta är den typ av person som går från att varit mycket omtänksam till aggressiv, ofta utan anledning.

Du kan aldrig försöka förklara vad som skedde, eftersom upplevelsen är helt obegriplig.

Räkna med att personen ändrar sig ofta från kärleksfull till vidrig, och du förstår inget. En dag älskar personen dig väldigt mycket och bedyrar sin kärlek med smicker och nästa stund avvisar hen dig, till och med på ett taskigt, grovt och kanske till och med våldsamt sätt. Oavsett så är det inte ok med sådana humörsvängningar.

Du måste kunna känna dig trygg.

Lita på din magkänsla.

Känns det konstigt, så är det konstigt.

Denna typ av personlighet brukar vara impulsiva. Utan att riktigt förstå hur du började känna en dubbel känsla för personen, något känns "fel", då är det också det!

Du smälter när personen visar sin fina älskade sida, du kan inte föreställa dig en mer tillgiven och hängiven person.

Du känner att du avgudar personen och att hen är den sanna kärleken du drömt om. När sedan monstret inom hen vaknar till liv, upplever du raka motsatsen och till och med hat och instabilitet, kanske rädsla eftersom på grund av det oberäknelig.

De här personerna är känslomässigt utmattande. Ofta är de ytterst självcentrerade och därför bryr de sig inte om vilka effekter de har på dig. Om sanningen ska fram så är dessa personer inte redo att ha ett förhållande med dig och inte med någon annan heller för den delen.

Personen som ljuger

Ljugpersoner avslöjar sig ofta inte sig själv genom sättet hen ljuger för dig, utan hur hen gör det för andra. Om hen uppför sig märkligt, ljuger för andra, räkna med att hen gör det mot dig också.

Ofta är dessa lögner inte så lätta att upptäcka. Det är därför det är så viktigt att du är uppmärksamma på hur personen beter sig mot andra.

Du kanske kommer att komma på dig själv med att vara som en liten detektiv för att komma på hen med konkreta saker, rota bland personliga saker för att försöka avslöja vad hen håller på med.

Du ska inte snoka, känn efter i magkänslan istället. Om du känner att du behöver snoka efter bevis så är det troligt att det är något som inte stämmer, så varför ska du då stanna kvar i förhållandet om du inte litar på personen? Om det är du som är orolig för den andre så bör du ta och fundera på om det är du som har svårt att lita på andra eller om det handlar om den du träffar.

Hur som helst så är det inte möjligt att bygga ett förhållande på riktigt om personen du har ett förhållande med gör dig osäker.

Personen som gör att du känner att du inte kan göra vad du vill

Dessa personer är den som troligen kommer att få dig mest osäker.

De brukar uttrycka sig kritiskt mot dig, vad du säger och kanske även hur du klär dig.

Sanning är att du med stor sannolikhet kommer att känna dig nedtryckt.

Du kommer alltid att tänka efter flera gånger innan du säger något, tänka på hur du beter er när ni är tillsammans och andra som känner dig kommer troligen märka att du är spänd i personens närvaro, vilket kommer att hindra dig från att vara spontan.

Det kan hända att du kommer att bli en tyst person tillsammans med hen.

De uppträder som om världen är deras och speciellt deras partner. Du blir inte lycklig med denna typ av person. Kom ihåg det!

16

KROPPSSPRÅK

Ditt kroppsspråk kan säga väldigt mycket om dig till andra.

Här är några tips du kan tänka på. Härma kroppsspråk. Om den du pratar med lutar sig fram mot bordet och verkar engagerad, behöver du också möta personen med kroppsspråk som sänder samma signaler.

Luta dig framåt också men inte direkt när den andre gör det. Låt det gå några sekunder. Personen kommer nog uppfatta dig som mer sympatisk. Att ha ett liknade kroppsspråk med den du möter är ofta en bidragande orsak till om det uppstår god kemi eller inte.

Om personen däremot lutar sig tillbaka med korsade armar kan det vara så att den du pratar med tar lite avstånd från det ni precis pratade om.

Behöver såklart inte vara så men var lite observant om du vill få den andre personen att känna sig bekväm i samtalet.

Om du upplever att du är i en svår situation eller samtal eller och du kanske får lite kritik, nicka med huvudet och försök hålla ögonkontakt.

Detta gör att den du pratar med känner sig mer avspänd och det underlättar i samtalet vilket oftast leder till att situationen vänder och blir bättre.

Försök ha kontroll på dina händer. Nervösa personer börjar ofta krama sina händer. Placerar istället dina händer precis nedanför bröstet och hålla ihop fingrarna när du vill utstråla självförtroende och handlingskraft.

Låter kanske lite tramsigt, men funkar, testa får du se...

Håll fötterna på jorden. Bokstavligt talat. Genom att vila fötterna på golvet upplevs du faktiskt också som mer jordnära och mindre osäker och du känner dig garanterat bättre tillmods.

Slappna av. Ett svårt samtal kan bli spänt. Försök att vara lugn i ditt kroppsspråk för att lätta upp stämningen så träna dig i att kallprata och undvik aggressiva och hårda kommentarer. På så sätt bygger du upp ett lugn och förtroende hos din motpart. Använd helst inte yviga rörelser.

Kom ihåg att le. Tänk därför på att då och då ge ett leende på läpparna.

Håll dina nerver i styr. Rastlöshet ger intryck av att du är nervös eller orolig, vilket ofta uppfattas negativ.

Undvik därför att hela tiden röra på benen, trampa med fötterna, leka med håret eller röra ditt ansikte. Utstråla lugn och självsäkerhet.

Det är svårt om du är energisk och otålig och personligen tycker jag att det är ytterst svårt att vara stilla och byter ofta sittställning även om jag vet att det kan uppfattas oroligt.

De mest framgångsrika i ett samtal, fokuserar i stället på att göra sin hemläxa och vara väl förberedda på vad som kan "dyka upp" i samtalet så du lätt kan plocka upp det och prata om det som den andre tar upp i samtalet.

Ett lätt sätt att få den andre att känna sig bekväm. Fråga den andre personen om saker, berätta saker om dig själv men prata inte hela tiden om dig själv.

Ha lite mer tålamod. Ta ingenting för givet när du försöker lägga fram dina tankar och argument. Prata mjukt och förklara hur du tänker. Ibland kan det vara viktigt att säga en sak flera gånger och på lite olika sätt innan det sjunker in hos personen du möter.

Fokusera inte på att få sagt det du tänker på, utan att den eller de du pratar med ska förstå vad du tänker och hur du tänker, försök hålla det enkelt till att börja med. Pratar den andre personen snabbt så prata inte länge och långsamt, då är du körd.

Håll ögonkontakt. Det största misstaget i kroppsspråk som du kan göra under ett samtal är att inte våga titta den andre personen i ögonen. Personer som flackar med blicken upplevs som oroliga, självosäkra och utan övertygelse – egenskaper som knappast gör dig till en framgångsrik förhandlare. Titta mellan personens ögon om det känns bättre.

17

LÄR DU DIG AV DINA MISSTAG

Misstag är inte misstag, det är lärdom. Skillnad på inställning!

Nyckel till framgång är att börja INNAN du är redo! Vänta inte.

Det är helt nödvändigt att ibland göra "fel" för att kunna göra rätt. Många framgångsrika människor har gjort misstag och fått många nej innan de fått ett ja.

Det är dock vanligt att man gör samma misstag om och om igen. Hur lär man sig då från sina misstag på bästa sätt? Hur undviker man att göra om dem?

Det är ok att göra misstag och det är det viktigaste att lära sig av dem, faktiskt.. Om man inte får göra misstag och man blir för arg/frustrerad är det lätt hänt att fokus ligger på frustrationen och rädsla istället för att komma vidare. Strunta i om du gör fel,, gör om och prova igen.

Var bättre på att acceptera misstag och att det är en del av din utveckling, då finns det istället mer utrymme för att reflektera över vad man kan lära sig av och fokusera på vad man ska göra nästa gång.

Mindervärdeskomplex, nej tack!

Man ska kämpa med kraft för att göra det man ska göra så bra som möjligt och samtidigt vara ok med att ha begått ett misstag när det väl har skett. Bättre att acceptera och gå vidare. Kanske taggar det även en att göra vad som krävs för att lära sig och göra rätt nästa gång. Det kan krävas riktigt hårt arbete för att inte göra om misstaget och för att ändra sina beteenden. Dra nytta av det du upplevt istället för att tänka dåligt om dig själv.

Pippi: *"Det har jag aldrig provat tidigare, så det kan jag helt säkert!"*

Vi behöver perspektiv och tro på oss själva för att våga testa nytt. Hjärnan är lättlurad så om du intalar dig att *"detta klarar jag skitbra"* och säger det tillräckligt många gånger, då blir det en sanning tillslut.

Det omvända är samma, tänker du dåligt om dig själv så är sannolikheten väldigt stor att det blir dåligt. En positiv

inställning som Pippis är därför
avgörande.

För att om det för dig inte är lätt, om
du inte kan när du först provar, om du
inte får samma resultat på lika korta tid
som någon annan, så är det väldigt
lätt att tro att du misslyckat, även om
det egentligen handlar om att du bara
behöver försöka igen.

Du kanske fixar det efter 5 eller 10
försöket,

MÖTEN SOM PÅVERKAR

En ljummen junimorgon för 40 år sedan, kom att påverka mitt liv. Det har blivit så eftersom jag när jag blivit äldre ofta tänkt tillbaka på denna dag.

Min ett år yngre bror och jag stod klara i våra nya fina skolavslutningskläder som köpts in för just detta speciella tillfälle, vi fick alltid nya kläder och detta var inget undantag.

Vi var förväntansfulla för snart var det sommarlov och soliga härliga baddagar med familjen i Donnemilen väntade som är och har varit vårt badställe i generationer.

Vi bodde precis intill blåbärsskogen, jaaa ni vet den blåbärsskogen med stort B. Min pappa som alltid vaknade först om mornarna, brukade gå ut och plocka de där saftiga bären som vi sedan fick till frukost med mjölk.

Vi hade det bra i vår familj och jag och mina syskon var lyckligt lottade, tänkte ofta på det, även som barn faktiskt och jag såg skillnaden mellan mig och andra och att det var orättvist fördelat. Det var ojämnt och orättvist mellan mig och min allra bästa vän. Hon hade det inte så bra som mig.

Just denna morgon gick jag som vanligt till henne för att väcka henne,,,, ordna med frukost och sitta med henne, sen gick vi alltid tillsammans till skolan.

Hon var min allra, allra bästa vän, rolig, snäll, kvicktänkt, energisk ja jättekul att vara med och vi var jämt.

Hennes mamma hade inte förberett något till denna dag, ,,,,,,att jag inte hade tänkt på det for det genom mitt huvud. Lisa som alltid ville gå med mig till skolan, ville inte det denna dag.

Klart som sjutton att hon inte ville det, hon hade ju inget att ta på sig, kom så springer vi bort till mig, jag har nog kläder du kan låna sa jag till min vän.

Då klädde Hon sig snabbt och fick med sig en macka i handen.

Vi sprang genom blåbärsskogen och till där jag bodde. Mammmma ropade jag, du måste fixa kläder till Lisa, hon ska med oss idag

Min mamma greppade situationen snabbt och fixade fram kläder som jag hade haft året innan på avslutningen, hon var lite mindre än mig så de passade.

Hon såg lite lite gladare ut och vi gick tillsammans denna dag, vitklädda och med flätor i håret.

Vi fortsatte umgås, det gick några år och vi sprang fram och tillbaka genom den där skogsdungen som skilde våra hem åt.

Ända tills den där dagen då Lisa så hastigt försvann.

En dag var hon borta och jag visste inte var hon var eller vad som hänt mer än att hon hämtats av polis och flyttats till en fosterfamilj i Skåne.

Det dröjde ganska lång tid innan jag fick veta och jag var förkrossad över vad som hade hänt och vi miste kontakten helt.

Det kom att dröja nästan 40 år innan jag en sen kväll , fick ett samtal, det var min vän Lisa från förr.

Jag har tänkt på dig så många gånger sa hon och nu när jag snart fyller 50 så ville jag ringa och berätta att du betydde så mycket för mig när jag var liten.

Vi grät båda två och vi pratade länge och hon berättade vad som skett den där dagen, hon hade blivit hämtad

Eftersom hon fick en nystart på sitt liv kan man ju tänka att hon borde fått de bästa förutsättningar ,,,,,men nej tyvärr inte, de erfarenheter hon fick i sin nya familj var påfrestande psykiskt och hon lider idag av svår social fobi och har aldrig arbetat en endaste dag och är sjukpensionär.

40 år tidigare var hon som jag och jag som hon, vi var lika men vi hade olika

förutsättningar för livet. Min vän lisa är en av anledningarna och ett av mina varför jag engagerar mig i samhällsfrågor och allas lika värde.

En annan liten "bemötande-händelse" som följt med mig i livet…

Jag är en häst! När jag var 8 år kom en alldeles speciell händelse i mitt liv, att få mig att förstå hur viktigt det är med bemötande och behandla alla lika och respektfullt oavsett ålder och kön.

En helg var jag ute på stan med pappa och vi träffade på en av hans kollegor, de stod och pratade med varandra en lång stund, "kollegan" ägnade inte mig så mycket som en blick och hälsade INTE, funderade verkligen över varför gubbeländet inte bemödade sig med att säga hej till mig också, jag stod ju där mitt framför honom!

När de stått och pratat en lång stund och jag hade blivit irriterad över att jag inte "syntes" så över mitt huvud frågade han min pappa "Evert är det en pojke eller flicka du har". Då tittade jag upp mot honom utan att röra en min, svarade "nä jag är en häst".

Tyckte att hans kommentar var eländig och det vara roligt att knäppa till gubbeländet på näsan, tänkte jag. Så otrevlig.

Min mission i livet har varit att stå upp för den lilla människan, och i detta fall stod jag upp för mig själv.

Kändes jäkligt gött och jag vet att jag njöt inombords när jag helt stint tittade honom in i ögonen och sa den kommentaren.

Översittare har jag därför alltid försökt att mota på alla sätt!

Tilläggas kan säga att gubbstrutten kände sig dum och sa "ja en dum kommentar, kräver ett bra svar".

Denna specifika händelse borrade på något sätt in sig i mig och jag förstod redan då att om inte jag stod på mig så skulle någon annan göra det.

Lika bra att börja i tidig ålder.

En chefs bemötande…

Ibland sätts både självförtroende och tålamod på prov och att upprätthålla ett gott bemötande trots att du blir bemött med tokigheter.

För ett par år sedan träffade jag på en mycket speciell chef, en narcissist. Om du nu undrar över vad en narcissist är så är det en person som har oerhört stora ego och tror sig vara viktigare än andra och har ett överdrivet behov av att stå i centrum, skapar ofta intriger, empatilös och har ingen som helst förmåga att sätta sig in i andras känslor, nedtryckande mot vissa och upplyftande mot andra.

Denne chef jag hade använde all sin kraft till att vara nedtryckande, speciellt mot mig och en kollega och jag förstod snart varför.

Samtidigt som hon gärna tog emot min hjälp och stöd, talade hon illa om mig inför andra och även inför sin chef. Hon ville ha min hjälp men stod inte ut med att jag skulle få positiv uppmärksamhet, därför baktalade hon mig.

Alla mina chefskollegor uppfattade henne som ytterst tålamodsprövande. Det var påfrestande och jag försökte undvika hennes konfliktskapande beteende och vara så hygglig jag kunde.

Vid ett tillfälle sa hon till mig "Du är så trevlig och aldrig höjer du rösten". "Det beror helt enkelt på att mitt beteende inte styrs av hur andra uppför sig svarade jag". Tror aldrig att hon förstod hur jag menade. För mig är det ett sätt att skydda mig från en person som hon, att vara trevlig, det känns bättre.

Låt inte andras beteende förstöra din inre frid. Våga säga ifrån om du känner att du behandlas fel, välj bara rätt tillfälle.

Var ödmjuk och respektfull, även om du tycker att personen du har framför dig är en skitstövel. Tänk på vad som är målet med ditt samtal med personen. Vräk ALDRIG ur dig saker som är direkt personangrepp mot den andre, då får den ett direkt övertag.

Varje människa jag möter har något att lära mig, så även min förra chef som hade gigantiskt bekräftelse och hävdelsebehov.

Om man tar ett steg tillbaka och betraktar en sådan komplex

personlighet, kan det vara intressant att se hur en sådan person fungerar och duperar sin omgivning för egen vinnings skull.

Var inte ledsen över att träffa människor som är "som min gamla chef". Var tacksam över den erfarenheten, då är det iallafall lättare att hantera situationen.

Historien med min förra chef slutade med att hon efter några få månader anställning, hade gjort sig helt omöjlig och fick köpas ut. Detta skedde kort efter att jag valt att avsluta min anställning. Det kändes bra att få upprättelse för all den dumhet hon utsatte mig och mina kollegor för. Ingen annan kan på riktigt bestämma min lycka, det gör jag och hur bra eller dålig en situation än är så kommer den att förändras.

För mig var det viktigt att göra ett avslut och visa för mig själv och lite grann för andra att jag inte accepterade att vistas i en sådan miljö.

19

STYRKA

Det är ofrånkomligt att ibland drabbas av nederlag och att det inte riktigt blir som du tänkt dig.

Försök att se på problemet eller situationen som att det handlade om någon annan. Vad menar jag då?

Jo om problemet eller situationen drabbade någon annan, vilket råd skulle du då ge, vilken inställning skulle du ta?

Tänk också efter, finns det någon person som du har förtroende för som du känner att du kan rådgöra med, finna stöd hos? Det kan vara en lärare du har eller haft, en kompis, en kompis förälder, en släkting, vän.

En bra person säger aldrig nej till att vara stödjande om du ber om hjälp.

Försök att inte vara ensam om dina tankar. Om det nu skulle falla sig så att du känner att du absolut inte har någon att luta dig mot, skriv då istället ner alla dina tankar och hur du känner. Sätt upp möjliga vägar för dig att gå vidare.

Det finns alltid en väg att gå framåt - även om det för stunden känns svårt och oövervinnerligt. Ge inte upp! Om det skulle vara helt nattsvart för dig så har du mina kontaktuppgifter längst bak i boken, jag finns!

Styrka handlar inte om att springa högst eller hoppa längst. Det handlar inte heller om att veta bäst eller vara först. För mig handlar styrka om att tänka till när livet inte blir riktigt som man tänkt sig och planerat. Styrka är att kunna se möjligheter i det som kan verka omöjligt och fortsätta att kämpa trots att det är motigt. Ge inte upp!

Jag kan och ska vara en förebild, att vara en förebild är att just **gå före** och visa vägen och det behöver vi vara fler som gör, som lyfter, coachar och ser till att allt fler känner sig bekväma i att just vara den de är.

Speciellt viktigt är det att våga släppa fram unga förmågor, låta dem ta plats och även låta dem göra misstag, klappa om och stötta, få dem att försöka igen, lyfta fram och hurra när det går bra! *Du duger och låt ingen annan ta det ifrån dig.*

20

VÅGA MER

Du behöver inte kunna allt till 100% som du tar dig för. Ibland måste man göra saker man inte vågar, annars är man ingen människa utan bara en liten lort.

Be inte om ursäkt för dig själv och lägg inte huvudet på sned och le. Stå rak i ryggen och se den du pratar med i ögonen.

Även om du inte kan och vet allt, säg inte "det kan inte jag", försök, låt dig misslyckas många gånger, försök igen, ge dig inte!

Det kanske är obehagligt om du inte är van, men gör det ändå, du klarar det!

Många gånger har jag tagit beslut på ofullständig fakta.

Det kan vara bättre att ta ett beslut på det som du vet än att vänta, du kan alltid ta ett nytt beslut.

Det kan vara bättre att ta ett beslut på det som du vet för tillfället, än att vänta. Det går ALLTID att ta ett nytt beslut om det skulle bli fel, tänkt på det och våga mer.

När du tvivlar över dig själv, ta nästa lilla steg. Tänk på att även små steg också framåt- Slut fred med ditt förflutna så att det inte förstör din framtid.

Du kan och klarar mycket, ge det bara lite tid! Ibland tänker jag såhär, om dina drömmar inte skrämmer dig, är dina drömmar för små.

Chansa, pröva, gå vidare glöm sorger, slappna av.

Tänk på att alla framsteg började med en vanlig människa som också var nervös.

21

VÄNTA ALDRIG

VAR EXCENTRISK

Vänta aldrig med att göra något kul, du vet inte hur morgondagen ser ut! Fira livet!

Jag har en vän som säger – *jag tackar aldrig nej till något roligt. Är jag trött så struntar jag i det.*

Ja det är kanske inte rätt för alla men det kommer garanterat minska risken för att "sätta dig ner och bli gammal i förtid". Hålla sig alert och på tårna gör att du blir piggare i huvudet och i kroppen.

Fåna dig och skratta tills du blir glad, funkar alltid , i alla fall för mig…Vänta inte tills du blir gammal för att våga göra saker och vara dig själv. Min mamma sa vid ett tillfälle,

"Fatima, du är så excentrisk". För henne var det något negativt, men jag blev riktigt glad. Jag vill INTE vara som andra. Vad är det för bra med det om varje person är precis den andra lik. Om excentrisk är annorlunda så vill jag gärna vara det. Jag följer mig hjärta och lust för vad jag vill göra, gäller allt.

Det är tur att vi är olika, annars skulle vi ju inte veta vem som är vem.. Det är tur att vi är olika, annars vet man inte vem som är vem,,,

UMGÅS MED POSITIVA

En nyårsafton för 15 år sedan, gav jag mig själv nyårslöfte där jag lovade mig själv att bara umgås med de jag verkligen tycker om.

Spännande nog fick det mig att inse att det kom att bli mitt nyårslöfte år efter år och det är mycket härligt att tänka tanken att de jag har nära mig är personer som jag älskar fullt ut.

Ja jag vet det låter speciellt men faktiskt oerhört befriande att inte omge sig med personer som tar din energi. Våga säga nej till de du inte funkar ihop med.

När jag menar umgås så menar jag människor som du lägger tid på är kanske ett extremt sätt att vara på för vissa men befriande för själen, åtminstone för mig.

De du umgås med speglar din egen personlighet. Att dras till en viss personlighet säger mycket om dig. Tänk efter vilket umgänge du har. Är det personer du tycker om att vara med?

23

VAR LITE MER BESLUTSAM

Exakt så, var lite mer beslutsam, en sanningens ord, så som jag uppfattar det.

Kvinnor har det, svårare att tro på sig själva och funderar ibland för mycket! Sluta med det. Fastnar du i en tankevurpa: Har du ett huvudbry, älta men på bestämd tid.

Tänk ut en dag om exempelvis en vecka och en tidpunkt. Vid den specifika tidpunkten har du bestämt att du bestämmer dig för hur du gör.

Låter kanske enkelt men det är faktiskt enklare om tidpunkten är bestämd.

HÅLL FAST vid ditt beslut.

Detta behöver man träna sig på, ofta och mycket,,

Tiden läker nästan alla sår. Kom ihåg det. Det handlar också om att sluta älta.

Givetvis måste man låta sig vara ledsen, sårad, arg men vid någon tidpunkt måste du försöka vända på det och börja komma in i bra vardagsrytm.

Det enda du förlorar när du gråter över spilld kärlek eller vad det nu än kan vara – så är det att du blir berövad på dyrbar tid när du egentligen kunde göra annat. Tänk efter hur DU vill ha det och sluta bekymra dig över sådant som du ändå inte kan påverka.

Oavsett hur du mår. Bestäm en stund på dagen när du tillåter dig må bra.

Oavsett hur du mår. Klä på dig och dyk upp. ALLTID

Ett enkelt tips till - Rör på dig varje dag, ja du läste rätt, vi mår bra av det.

INGA URSÄKTER

24

VILJA

Jag önskar att alla tjejer, sträcker på sig upp och se till att ta för er! Ni måste förstå att för att det ska bli en förändring för dig och för att du ska synas så börjar det med hos var och en av er. Nätverka och knyt er samman med andra som är positiva.

Det kommer INGEN prins eller prinsessa och räddar dig från livet, det måste du göra själv! Bit ihop, blunda om det krävs och gör det bara, även om du tycker är lite ovant, låt din dröm föra dig framåt.

När en vuxen (tänker jag över 30 typ) säger till mig "jag vet inte vad jag vill bli när jag blir stor" så undrar jag, om inte du själv vet, vem vet då? Eller vem ska bestämma åt dig?

Det kan såklart vara så att du INTE vet allt om du är ung men eftersom framtiden är det vi kan påverka och det viktigast vi har så måste du avsätta tid för att tänka till, annars blir du som en död fisk som åker med strömmen. Du blir helt enkelt en person som överlåter åt andra att bestämma riktning åt dig. Tänk på dig själv, annars blir livet liksom hippsomhapp. Livet är en sak att vara väldigt rädd om men var för den skull inte rädd för att leva livet fullt ut, om du förstår vad jag menar!

Det omöjliga kan bli möjligt med hjälp av viljestyrka, så vill hårt och mycket!

VAR VÄN MED OLIKA

När jag och min syster Alex var barn,
ungefär 6 och 10 år gamla, lärde vi
känna en dam som bodde i vår by.
Hon var alltid ensam och vi såg henne
ofta vara ute och gå med sin lilla
magra hund, Trixi, en obestämd
blandras som skuttade runt våra ben
så fort vi kom i närheten. De passade
varandra väldigt bra, hunden och
damen, magra och småväxta.

Eftersom vi aldrig kom för oss att fråga
efter hennes namn så döpte vi damen
helt enkelt till Trixis mamma. Den lilla
damen var så söt och så jätteliten och
vi tog henne till våra hjärtan, jag och
min syster, kände att vi behövde ta
hand om henne lite extra eftersom hon
kändes så ensam. Så småningom

lärde vi känna henne, gick till henne med fika och gav henne present när hon fyllde år. Jag tror att är viktigt att vara vän med människor från olika kulturer och åldrar till exempel. Livet blir liksom mer då och det ger perspektiv. Ett bra sätt att få perspektiv på sitt eget liv, är att bli vän med någon som pratar ett annat ursprungsspråk än du, någon som är mycket yngre än du själv och betydligt äldre, som lever annorlunda än du själv, kanske en person som är materiellt rik, någon som är rik på erfarenheter, människor från en annan kultur. Det berikar och gör dig större som person. Trixis mamma lärde mig som barn att det är värdefullt att bry sig om andra, och någon annan i en helt annan ålder, man blir lycklig och glad i hjärtat av det, mer förståelse.

26

KLOKHET

Du kanske tror att du vet allt. Du har fel och kommer med ökad kunskap och klokhet, upptäcka att det finns saker som du idag är helt bergsäker på i din övertygelse, att det kan komma att ändra sig med tiden. Konstigt men helt sant.

Om du vill få till en ändring i ditt liv så behöver du göra något annat än vad du gör idag. Det går inte lösa ett problem med samma tankar som du skapade problemet med, du måste tänka och göra något annorlunda för att det ska ske en förändring! Varför är det så? Jo för att vårt mindset spelar roll, hur vi tänker! Om du har rätt mindset för att förverkliga dina drömmar, kommer du att klara av utmaningar som du ställs inför och kommer i din väg. Man kan säga att alla människor har förmåga att skapa sin egen livsberättelse, du behöver "bara" bestämma dig för dina drömmar. Strunta i vad andra tycker och tänker.

Det du tror dig veta idag, kan ändras när du lär dig mer och förstår men, träffar människor med andra erfarenheter än du, studerar och när du reser och upptäcker världen så kan dina tankar och uppfattningar komma att ändras.

Våga ta risker, om du vinner, kommer du att bli lycklig, om du förlorar, blir du visare! Var inte rädd för det, det är så livet är. Istället ska du vara glad över att du inte är benhård på allt. Var öppen för nya intryck och lär av andra, var inte heller rädd för att ha fel. Det är spännande att lära sig saker.

Välkomna livet.

LYSSNA!

"Om den du pratar med inte lyssnar på dig, sluta prata med dem"

Ja precis så, om du försöker göra dig hörd, om den du pratar med avbryter, tittar bort, svarar dåligt så sluta helt enkelt att prata med den personen. Ödsla inte tid på någon eller något som inte ger energi. Lägg istället ditt fokus på att hitta andra positiva personer som vill och har förmåga att lyssna och som ser dig. Du kommer att bli fantastiskt positivt glad och överraskad om du följer detta ganska enkla råd.

När det gäller religion så är jag inte på något sätt emot det men jag är emot att man måste gå till ett speciellt ställe en kyrka eller tempel för att **lyssna** till en präst för att höra om guds ord. Jag tror att en persons godhet och att vara snäll mot sig själv och andra är det som räknas. Lyssna till ditt inre.

Filosofin är godhet, inte vilken religion man tillhör, inte mer komplicerat än så!

Om du ställer någon en fråga, avbryt inte personen, vänta in svaret.

Om du "vill ha" något från någon, lägg fram det som ett erbjudande istället för en fråga. Det är lättare att acceptera ett erbjudande!

Om du vill få en person att känna sig speciell, lär dig hennes namn.

Om du ska lära känna en person, notera hur hen bemöter andra.

Om du vill få andra att känna sig betydelsefulla, låt dem prata om sig själva.

Om någon förolämpar dig, var tyst för en kort stund, titta sedan på personen och fråga – mår du bra?

Om du tror att någon ljuger, var helt tyst och titta personen i ögonen.

Om du är i en diskussion med någon. Prata lugnt med låg röst. Det ger både dig och den andre en känsla av att du har kontroll över situationen.

Tänk på. Vi ser inte saker som de är, vi ser saker som vi är.

Det är bättre att försöka göra något och bli kritiserad än att inte göra något och kritisera andra.

Var inte rädd för att börja om igen. Den här gången börjar du inte från start. Du börjar från din erfarenhet. Det är så att en person utan vision och mål, är en person utan framtid och den personen kommer alltid att komma tillbaka till sitt förflutna…..

Det är viktigt att när vi utbildar våra barns hjärnor, att vi även utbildar deras hjärtan. I skolans värld behöver vi vuxna förebilder som går just före och visar vägen. Att klappa om och våga säga till när något går fel men att ha ett stort hjärta är det allra viktigaste.

Den som skrattar istället för att bli arg är alltid den starkaste!

Var försiktig med negativa människor, de kan förvandla varje lösning till ett problem.

Du duger som du är, gör du inte det så umgås du med fel människor.

Du vet aldrig hur stark du är, förrän stark är det enda alternativ du har.

28

ETT PAR ORD OM MIG

Om jag skulle nämna något om mig
själv så är det att jag känner mig
hjärnstark. Jag är stark för att jag tillåtit
mig själv att göra "misstag" och inte
känt ett nederlag när det inte gått som
jag tänkt mig alla gånger.

Att inte bry sig jättemycket om att andra har åsikter om vad jag gör eller tänkt. Ibland tar jag in det och ibland har jag helt enkelt valt att strunta i vad andra tycker.

Jag filtrerar.

Det är inte så att jag inte har mina svagheter, och jag tänker att alla människor behöver arbeta med sitt inre, självfallet också jag men om du tränar din hjärna till att förstå att det är mänskligt att inte vara perfekt så känns tillvaron och livet bra mycket enklare.

Det jag tänker om mig själv är att jag känner mina svaga sidor och accepterar att inte vara perfekt på något sätt, vad nu det är?

Jag blir ofta känslosam och är mycket svag för vänliga människor. Hårda och egotrippade människor påverkar mig mycket lite, jag väljer att inte ta in deras dåliga aura.

Det jag har varit med om har jag lyckats med att vända till min fördel och har jag inte lyckats se någon ljusning i en specifik situation så har jag ändå prövat tanken, *"vad lärde jag mig av detta".*

Aldrig har jag varit rädd för att misslyckas, eller funderat så väldigt mycket över vad andra tycker och tänker om mig, vet att jag som mycket ung tjej tänkte "ähh vad gör det om några år".

Jag har lovat mig själv att trots erfarenheter så ska jag tro på det goda och tro gott, att aldrig vara bitter över att det inte helt blev som jag först tänkte, har varit viktigt för mig.

Jag blir berörd, rörd, av människor som har en själ och ett hjärta och gör saker för andra som har betydelse.

Jag har i princip uppfostrat tre tjejer själv, deras pappa var ingen bra förebild och detta har format inte bara mig utan deras bild av hur en kvinna ska vara och att det är möjligt att klara av saker.

Jag hatar ursäkter för att inte ta tag i sitt eget liv och det har jag överfört till mina barn.

Har du haft en dålig barndom, dåliga relationer, dålig chef ja det är djupt beklagligt MEN ska du låta resten av ditt liv påverkas. Låt det inte göra det. Du bestämmer själv över ditt fortsatta liv och hur det ska se ut. Strunta i ursäkter som bromsar dig i hur du vill och kan leva resten av ditt liv, "förlåt allt, men glöm inget"

Min tanke om mig själv är att jag ÄR betydelsefull MEN jag är inte jordens mittpunkt. Mitt liv inte varit helt spikrakt men å andra sidan, vems liv är det?

Förberedelser är alltid nyckel till framgång. Älskar Ingmar Stenmarkas uttryck, jag vet inget om tur men ju mer jag tränar desto mer tur får jag. Klockrent! Förbered dig för mycket. Följ sedan flowet är mitt allra bäst råd. Jag har alltid plan A, B, C, inte för att jag inte tror på plan A, utan att jag vill ha backup helt enkelt.

Gå ut i livet, var inte rädd men var på din vakt, följ DIN inre röst för vad du vill göra. Magkänslan stämmer alltid!

Jag lever som om livet vill mig väl men har alltid en plan för kris och katastrof. Jag är förberedd. *Alltid*.

Se till att ha roligt och välj dina vänner med omsorg, var snäll mot de som inte är lika säkra som du, ta hand om dig själv och se till att sätta ditt välbefinnande i första hand, först då kommer du vara som störst tillgång för dig själv och din omgivning.

Lycka till, det kommer att gå bra!

Kärlek och omtanke/ för alltid/ Fatima

Skriv ned mål för ditt liv.

Långsiktiga om 1 och 3, 5 år.

Skriv ned allt som är bra med dig!

<u>Minst 10 saker</u>

Gå tillbaka till detta när du känner att du behöver en boost!

Kram!

För bokning av föreläsning och föredrag, arbete med ledarskap och utveckling i grupp eller på individnivå alternativt om du har frågor, tankar.

Strukturkompaniet@hotmail.com

Fatima Sigurd

Förlag: BoD – Books on Demand,
Stockholm, Sverige
Tryck: BoD – Books on Demand,
Norderstedt, Tyskland
ISBN: 978-91-7699-088-9